BEI GRIN MACHT SICH IHR WISSEN BEZAHLT

- Wir veröffentlichen Ihre Hausarbeit, Bachelor- und Masterarbeit

- Ihr eigenes eBook und Buch - weltweit in allen wichtigen Shops

- Verdienen Sie an jedem Verkauf

Jetzt bei www.GRIN.com hochladen und kostenlos publizieren

Ann-Christin Robben

Überblick über Ciceros Villen

GRIN Verlag

Bibliografische Information der Deutschen Nationalbibliothek:

Die Deutsche Bibliothek verzeichnet diese Publikation in der Deutschen National-
bibliografie; detaillierte bibliografische Daten sind im Internet über http://dnb.d-
nb.de/ abrufbar.

Dieses Werk sowie alle darin enthaltenen einzelnen Beiträge und Abbildungen
sind urheberrechtlich geschützt. Jede Verwertung, die nicht ausdrücklich vom
Urheberrechtsschutz zugelassen ist, bedarf der vorherigen Zustimmung des Verla-
ges. Das gilt insbesondere für Vervielfältigungen, Bearbeitungen, Übersetzungen,
Mikroverfilmungen, Auswertungen durch Datenbanken und für die Einspeicherung
und Verarbeitung in elektronische Systeme. Alle Rechte, auch die des auszugsweisen
Nachdrucks, der fotomechanischen Wiedergabe (einschließlich Mikrokopie) sowie
der Auswertung durch Datenbanken oder ähnliche Einrichtungen, vorbehalten.

Impressum:

Copyright © 2009 GRIN Verlag GmbH
Druck und Bindung: Books on Demand GmbH, Norderstedt Germany
ISBN: 978-3-656-21693-3

Dieses Buch bei GRIN:

http://www.grin.com/de/e-book/195567/ueberblick-ueber-ciceros-villen

GRIN - Your knowledge has value

Der GRIN Verlag publiziert seit 1998 wissenschaftliche Arbeiten von Studenten, Hochschullehrern und anderen Akademikern als eBook und gedrucktes Buch. Die Verlagswebsite www.grin.com ist die ideale Plattform zur Veröffentlichung von Hausarbeiten, Abschlussarbeiten, wissenschaftlichen Aufsätzen, Dissertationen und Fachbüchern.

Besuchen Sie uns im Internet:

http://www.grin.com/

http://www.facebook.com/grincom

http://www.twitter.com/grin_com

Fakultät für Linguistik und Literaturwissenschaft
WS 2009/10

Veranstaltung: Die römische Villa (Veranstaltungsnr.: 230765)

Referentin: Ann-Christin Graé
Referatsthema: Überblick über Ciceros Villen
Referatsdatum: 16.12.2009

Textgrundlage:

Mayer, *Jochen Werner: Imus ad villam. Studien zur Villeggiatur im stadtrömischen Suburbium in der späten Republik und frühen Kaiserzeit. Stuttgart 2005, S. 204-209 (Geographica Historica, Bd. 20).*

Schmidt, *Otto Eduard: Ciceros Villen. Darmstadt 1972.*
(erstmals 1899 in Leipzig erschienen)

0 Vorbemerkung zur Textgrundlage und dem Autor Otto Eduard Schmidt

Vordergründig wird für dieses Referat die Monographie von Schmidt als Textgrundlage verwendet, obwohl ihr Erscheinungsdatum schon mehr als ein Jahrhundert zurückliegt und Mayer sie als „oftmals positivistisch und heut in Teilen überholt"[1] kritisiert, da sie zu der damaligen Zeit in der deutschsprachigen Forschungsliteratur eine Ausnahme bildete und es bis heute kein deutschsprachiges Pendant hierzu gibt. Der oben genannte Textteil aus Mayers „Imus ad villam" liefert insbesondere für Ciceros Haltung zu der Villa allgemein Informationen. Schmidt hingegen wird konkreter, auch wenn einiges in seinem Buch nur ein Gedankenkonstrukt ist, da er auch selbst die örtlichen Gegebenheiten in einer Studienreise aufgesucht hat.

Biographische Daten zu Otto Eduard Schmidt:

- 21.08.1855 in Reichenbach im Vogtland geboren
- 14.02.1945 im zweiten Weltkrieg in Dresden gestorben
- war ein deutscher Pädagoge und Schriftsteller
- studierte Philologie und Geschichte an der Universität Leipzig
- er promovierte, ging jedoch im Anschluss als Gymnasiallehrer in den Schuldienst
- Schmidt war nur in seiner Freizeit schriftstellerisch tätig und beschäftige sich schwerpunktmäßig mit der römischen Antike und der sächsischen Geschichte
- insgesamt verfasste er 181 Bücher, Aufsätze und Sonderdrucke
- 1925 wurde er Ehrenbürger seiner Geburtsstadt Reichenbach

Die verwendete Monographie Schmidts umfasst 69 Seiten mit einem Bildanhang. Da sie selbst kein Inhaltsverzeichnis enthält, wurde der Übersichtlichkeit halber eines erstellt:

0 Einleitung/Hinführung zum Thema (S. 3-8)
I Das Arpinas (S. 9-23)
II Das Formianum (S. 23-30)
III Das Tusculanum (S. 30-36)

---

[1] **Mayer**, Jochen Werner: Imus ad villam. Studien zur Villeggiatur im stadtrömischen Suburbium in der späten Republik und frühen Kaiserzeit. Stuttgart 2005, S. 204 (Geographica Historica, Bd. 20).

IV Die Villen an der latinischen Küste (S. 36-42)

V Das Cumanum (S. 42-50)

VI Das Puteolanum (S. 50-53)

VII Das Pompeianum (S. 53-62)

VIII Nachtrag – Neuere Literatur (S. 63-69)

Anhang: Bilder auf 2 Tafeln mit insgesamt 10 Abbildungen

1 Kurze Einführung zur Villeggiatur allgemein

Es ist sehr interessant sich mit der römischen Villeggiatur zu beschäftigen, da sie eine der interessantesten Seiten des römischen Lebens überhaupt zum Vorschein bringt, denn „die ganze illustre Gesellschaft, in deren geistige und sittliche Sphäre uns die Ciceronischen Schriften und Briefe einführen, ist gar nicht denkbar ohne ihre Villen."[2] Bildlich betrachtet sind „diese Männer [...] so eng verknüpft mit ihren Landsitzen wie die Schnecke mit ihrem Haus."[3] „Ihre ganze Persönlichkeit entwickelt sich erst dann zur vollsten Blüte [...] wenn sie losgelöst von der Bürde des geistlichen oder weltlichen Amtes [...] aus dem Toben und Getöse der unheimlichen Riesenstadt hinauseilen in die wonnigen Gefilde Italiens, in die Berge oder ans Meer."[4]

Im weiteren Verlauf wirft Schmidt die Frage auf, ob die Villeggiatur, „wie so vieles Römische, lediglich aus der Nachahmung griechischer Vorbilder entstanden"[5] ist. Er beantwortet sie folgendermaßen: Einerseits ist eine Anerkennung notwendig, „dass fast alle Elemente, die zum römischen Villenbau gehörten, schon in der griechischen Kultur vorhanden waren"[6]. Andererseits jedoch findet man den Geist, „der diese Elemente zu einem Ganzen zusammenfügte und die Villa zu einem notwendigen Faktor des gesellschaftlichen, ja man kann sogar sagen, des staatlichen Lebens machte, [...] bei den Griechen nicht"[7]. Folglich kann festgehalten werden, „dass diese Einrichtung, wenn auch nicht ganz original auf römischem Boden erwachsen"[8], doch „bei den Römern eine solche Ausdehnung gewonnen hat und zu einem so bestimmenden Faktor des gesellschaftlichen Lebens ausgebildet wurde"[9].

---
[2] **Schmidt**, Otto Eduard: Ciceros Villen. Darmstadt 1972, S. 3.
[3] Ebd.
[4] Ebd.
[5] A.a.O., S. 4.
[6] Ebd.
[7] A.a.O., S. 4f.
[8] A.a.O., S.5.
[9] Ebd.

In den regierenden Kreisen gab es ein ausgeprägtes Bedürfnis nach einer ausgebildeten Villeggiatur. Es lassen sich hierfür drei Gruppen von Ursachen ausfindig machen:

Bedürfnis nach einer ausgebildeten Villeggiatur
- Drei Gruppen von Ursachen

Wirtschaftliche Ursachen	Sanitäre Ursachen	Geistig-ästhetische Ursachen
Der vornehme Römer besaß größten Teil seines Vermögens in ländlichem Grundbesitz, verteilt in ganz Italien → Villa als „Verwaltungsort"	Rom war/ist im Sommer eine ungesunde Stadt → Erholungsbedürfnis der vornehmen Kreise	Schnell fortschreitende Individualisierung der Nobilität → erwachte Persönlichkeit benötigt einen Ort, an dem sie sich eigenmächtig entfalten kann, da stolzes Selbstbewusstsein des Römers im Staat immer wieder angegriffen wurde
Stadtleben wurde immer teurer → Haushaltungszentren auf dem Land → Autonomie	Vornehmer Römer war gesellschaftlich und politisch angestrengt → Erholungsbedürfnis	Hohe Anforderungen an Umgebung in ästhetischer Hinsicht (z.B. Weichheit der Gefühle Ciceros)
		Villa als Ort für (geistige) „Auslebung" (*otium litteratum*)
		Schönheit und Behaglichkeit der Landgüter neben wirtschaftlichen Aspekten

2 Einführung zu Ciceros Villen

„Es sind die Villen des Cicero, die uns aus der Zeit der Republik am besten bekannt sind – eben aus den zahlreichen Äußerungen des Besitzers selbst."[10]

---

[10] **Schmidt**, Otto Eduard: Ciceros Villen. Darmstadt 1972, S. 63.

Die Schriften und Briefe Ciceros enthalten zerstreutes, jedoch kombinationsfähiges Material zu seinen Villen. Aus diesen lässt sich ansatzweise rekonstruieren, wie sie ausgesehen haben, weshalb Cicero sie erworben hat, wie er diese verschönert, auf ihnen gelebt und wie sein Verhältnis zu seinen Villen gewesen ist. „Seine *villae suburbanae* sind „keine rein literarisch überhöht dargestellten *loci amoeni*, sondern realistisch beschriebene Orte voll mit Büchern, Statuen und anderen Kunstwerken."[11] In dieser Umgebung konnte man sich seinem *otium litteratum* widmen, wie auch gebildete Diskussionen mit Freunden über Philosophie, Literatur oder die Zukunft der *res publica* führen. Auffällig ist, dass das *otium* noch nicht ohne Zweck betrieben wurde, denn es stand immer noch im traditionellen Gegensatz zu den *negotia* in Rom. Bei der Ausstattung seiner Villen war Cicero nach eigenem Ermessen maßvoll, um das epikureische Ideal der *modestia* nicht aus den Augen zu verlieren und nicht der verpönten *luxuria* zu verfallen, doch wollte er auch nicht bei der Ausstattung seiner Landhäuser hinter seinen Zeitgenossen zurückstehen. Diese Einstellung wird durch zwei Punkte unterstrichen: Zum einen, dass er lieber mehrere kleine Villen *(villulae)* sein eigen nennt, als wenige prunkvolle Villen und zum zweiten, dass ihm beim Einkauf von Kunstgegenständen der Preis wichtiger war als ihr Kunstwert und dass sie zu seinem Landgut passen. Cicero verband mit der *villa suburbana* einen realen *locus amoenus*, welcher später erst von den Elegikern geformt und dichterisch überformt wurde. Insbesondere sein Fufidianum schildert er in idealer Weise. Hierauf wird jedoch im späteren Verlauf des Referats eingegangen. Der vollkommene *locus amoenus* entsteht für Cicero erst, wenn natürliche Elemente mit städtischen Elementen verbunden werden. Das heißt, dass die Villa an sich viele natürliche Vorzüge mitbringen muss, wie zum Beispiel eine gute Lage, jedoch auch nachgeholfen werden kann/muss, indem gegebenenfalls ein Fischteich *(piscina)*, ein Springbrunnen *(salientes)* oder auch ein Wald *(silva)* angelegt wird.

Im folgenden Verlauf wird stichpunktartig auf die einzelnen Villen Ciceros eingegangen.

2 Ciceros Villen
2.1 Das Arpinas

- älteste und wirtschaftlich wichtigste Besitzung Ciceros

---

[11] **Mayer**, Jochen Werner: Imus ad villam. Studien zur Villeggiatur im stadtrömischen Suburbium in der späten Republik und frühen Kaiserzeit. Stuttgart 2005, S. 207 (Geographica Historica, Bd. 20).

- Ort seiner Geburt und Kindheit
- Überlieferung zu Räumlichkeiten der Villa am ausführlichsten
- wurde von seinem Vater mit Fleiß und feinem Geschmack erbaut → Erbstück
- zunächst war das Landhaus zu seiner Geburt und noch zu Lebzeiten seines Großvaters nach altem Brauch klein
- errichtet als Nutz- und nicht Luxusbau
- in bergigem Gebiet gelegen, im Westen von Felsen umsäumt
- Wasserarme durchziehen das Gelände der Villa (Cicero schätzt dies überaus in Zeiten der stadtrömischen Hitze)
- lag auf dem Fibrenusdelta (westlich: Fluss Liris, nordöstlich: Hauptarm des Flusses Fibrenus, südlich: Mühlgraben, der südlich um San Domenico herumfließt)
- Springbrunnen und Wasserbecken auf dem gesamten Grundstück (Fülle natürlicher und künstlicher Reize)
- Landhaus war Mittelpunkt beträchtlicher Ländereien, die verpachtet waren und das Einkommen der Familie sicherten
- in der Anlage lassen sich drei Bauperioden unterscheiden:
    1. schlichter Bau des Ahnherrn
    2. das Peristyl und ein kleines als Wirtschaftshof verwendetes Atrium mit den dazugehörigen Zimmern
    3. geschmackvoller Neubau des Vaters + großes Atrium und Garten, wie auch die Verschönerungen und Erweiterungen Ciceros
- einfaches, jedoch den Geist des Besitzers wiederstrahlendes Landhaus
- Bad noch nicht so verschwenderisch wie spätere Luxusbauten, bestand jedoch auch bereits aus mehreren Abteilungen
- gesamte Villa war umgeben von Garten- und schattenspendenden Parkanlagen → Gartenarchitektur durch Gärtner
- Möglicher Aufbau der Villa:
    - rechteckiger Grundriss
    - westliche Schmalseite mit dem Vestibulum dem Liris zugewandt → Blick beim Herausgehen auf am Flussufer gelegene grüne Pappeln und Erlen, wie auch die Felsen
    - ein mit reichlich Kies beschütteter Weg führte von der Straße zum Vestibül, durch das man in das von polierten Säulen getragene Peristyl gelangte

- im gewölbten Peristyl befand sich ein Wasserbecken mit Fischen, umwuchert von Efeu und Rosen
- links vom Peristyl lag das kleine Atrium mit Räumen für wirtschaftliche Zwecke
- östlich schloss sich das große Atrium mit Freskenbildern und vielen Fenstern an
- aus Schlafräumen gelangte man leicht ins Bad und in die säulengetragene *ambulatio*
- *ambulatio* umgab viereckig die Ostseite des Hauses und den auch viereckigen Hausgarten; hatte einen schön gepflasterten Fußboden
- Efeu rankte an weißen Figuren hinauf
- Ausläufer der *ambulatio* verband Haus mit *palaestra*

- insgesamt eine feine ansehnliche Anlage mit selbstständigen Gliedern *(palaestra, amaltheum)*, welches eigentlich typisch für die Villen der Kaiserzeit war
- Cicero wurde vom Arpinas in seiner Entwicklung stark beeinflusst:

„Die liebliche Umgebung des Vaterhauses mit ihren lauschigen Plätzen lockte den feinsinnigen, hochbegabten Knaben frühzeitig zu stiller Gedankenarbeit, Gesang der Nachtigallen und das Murmeln des Wassers machte sein Ohr empfänglich für den Wohlklang und die Rhythmen der Rede, weckten die lebhafte Empfindung für Schönheit und Harmonie…"[12] und „außerdem pflanzte der stete Verkehr mit arbeitsamen Landleuten und ehrbaren Matronen in ihn den unermüdlichen Fleiß und die unverrückbaren Ideale von Zucht und Sitte"[13].

- Cicero kehrte auch später in seinem Leben, insbesondere im Sommer, immer wieder gerne an die Stätte seiner Kindheit zurück (nimmt bei Abreise offiziell Abschied vom Arpinas); es dient auch als Ort der Zuflucht
- wahrscheinlich ist verstümmelter Leichnam Ciceros auch auf dem Arpinas bestattet worden
- um 1030 wurde auf dem ehemaligen Standort der Villa eine Kirche und ein Kloster errichtet → Reste der Villa Ciceros wurden hier eingearbeitet
- Hier war er „philosophierender Landedelmann"[14].

---

[12] **Schmidt**, Otto Eduard: Ciceros Villen. Darmstadt 1972, S. 19.
[13] Ebd.
[14] A.a.O., S. 61.

2.2 Das Formianum

- war erste Besitzung, die Cicero nach seinem *paternus avitusque fundus* erwarb
- liegt unweit der Mündung desselben Stromes, der das Arpinas umfloss
- Cicero lebte dort in einem engen Verhältnis zu dem Volk dieser Küste, zwischen Schiffern, Händlern und Fischern → konnte hier seinen gepriesenen Ausgleich zwischen Ständen herstellen, machte hier Studie über Volksstimmung während des Triumvirats uvm.
- bis heute hat sich in der Stadt Formia die Erinnerung an Ciceros Persönlichkeit stark gehalten („Nennt man seinen Namen, leuchten die Augen aller."[15])
- auch eine (falsche) Tradition von Ciceros Tod hat sich gehalten: großartiges antikes Grabmal *Sepolcro di Cicerone*
- Gasse am Ende der Villa Rubino heißt *Via Tullia* und eine Straße in der Nähe heißt *Corso Attico*
- auch das Formianum hat er geschätzt und geliebt, doch erwähnt er es etwas gleichgültiger
- lebhafte und wissbegierige Bevölkerung der Stadt Formiae und Nachbarn lassen ihn manchmal nicht zur Ruhe kommen
- das Formianum wird von Banden des Clodius verwüstet
- Neuaufbau ab dem Jahr 57 v.Chr., da Cicero es weder aufgeben, noch so verwüstet sehen kann
- C. Arrius war sein nächster Nachbar und Freund auf dem Formianum; auf der anderen Seite wohnte Lebosus
- lag in einem unentbehrlichen Knotenpunkt seiner drei Lebenszentren Rom, Arpinum und dem Golf von Neapel
- suchte Formianum besonders in kritischen Zeiten auf (z.B. vor Ausbruch des Bürgerkriegs zwischen Pompeius und Cäsar; letzter Zufluchtsort nach Zusammenbruch des Triumvirats – unweit der Villa wird er getötet)
- heute im Besitz des Cavaliere Rubino
- es finden sich dort noch zahlreiche Inschriften- und Architekturtrümmer der Villa Ciceros, jedoch wurden auch zahlreiche Malereien übertüncht und Bauteile angebaut
- Hier war er ein „Vertreter des erwerbenden Standes und Geschäftsmann"[16].

---

[15] **Schmidt**, Otto Eduard: Ciceros Villen. Darmstadt 1972, S. 28.
[16] A.a.O., S. 61.

2.3 Das Tusculanum

- Berühmteste seiner Villen, gilt als Inbegriff seiner Villen überhaupt
- Vorbesitzer und Erbauer war der Genussmensch Cornelius Sulla
- hohe Lage der Villa, abseits von großen Straßen → keine Informationen über innere Lage de Staates vom hin- und herreisenden Durchgangsverkehr
- wunderschöne Lage, eins der schönsten Landschaftsbilder → Cicero war begeistert von seiner landschaftlichen Schönheit
- erwarb es im Jahr 68 v.Chr. von einem gewissen Vettius; zuvor in den Händen von Catulus
- herrlicher, ansehnlicher Besitz, welcher Cicero bis zu seinem Tod sehr wichtig war, obwohl er wenig Muße fand
- erregte namentlich wegen der aristokratischen Vorbesitzer Neid
- Cicero selbst freut sich über den Kauf und hofft sich selbst auf der stillen Höhe wieder zu finden
- schmückte es herrlicher aus als seine anderen Güter (Atticus musste ihm Kunstwerke aus Griechenland besorgen)
- Tusculanum wurde viel für Disputationen im Freundeskreis und wissenschaftliche Studien genutzt
- eigene große Bibliothek; Cicero stieg dennoch manchmal zur Nutzung der Bibliothek in die Villa des Lucullus hinab
- wurde jedoch, wie das Formianum auch, im Jahr 58 v.Chr. von den Banden des Clodius sehr stark verwüstet → 500.000 Sesterzen zum Wiederaufbau gewährt, doch Schaden viel größer → dennoch Entscheidung für Neuaufbau
- in ihr wurden viele Werke verfasst, wie z.B. *Orator* oder die Biographie des Cato Uticensis
- Mitte Februar 45 starb auf dieser Lieblingsvilla seine Tochter Tullia → Cicero glaubte Räumlichkeiten nie wieder betreten zu können → kehrt jedoch drei Monate später wieder hierhin zurück

2.4 Die Villen an der latinischen Küste

2.4.1 Haus in Antium

- Antium war eine lebhafte Handelsstadt (Kleinstadt), die zahlreiche Villen beherbergte
- Cicero besaß in Antium ein Haus, jedoch keine Villa → leistete ihm jedoch dieselben Dienste, da Antium eine behagliche Größe im Gegensatz zu Rom besaß
- überlegt, ob man nicht immer in Antium wohnen bleiben und sein Leben verbringen könnte (6. Brief an Atticus); „Dies Haus ist seine ganze Liebe."[17]
- Antium ist nah an Rom, doch er wird dort nicht mit Besuchen belästigt und alle haben ihn gern; Cicero wünscht sich dort Staatsmann zu sein, denn in Rom ist es ihm verboten, aber auch zum Ekel geworden
- auch Terentia und seine Kinder verweilten dort
- sein Haus in Antium diente ihm als Asyl, nachdem seine anderen Villen verwüstet worden waren und auch Reste seiner Bibliothek wurden hierhin gebracht
- Atticus möchte auch in der Nähe ein Haus oder eine Villa kaufen, da Ciceros Begeisterung ihn ergriffen hat
- Er hat das Haus im Juli 45 v.Chr. an Lepidus verkauft (Zusammenhang mit Tullias Tod?).
- Hier war er „heitere[r] Genosse der Seinen"[18].

2.4.2 Villa auf der Insel Astura

- zwei Stunden ostwärts von seinem ehemaligen „heiteren" Haus in Antium
- einsame Villa, wo er mit seinem Schmerz um den Verlust der Tochter allein sein konnte (Ort der Trauerzeit)
- Einsamkeit belastet ihn weniger, als die fortwährenden Besuche in Rom
- gelegen auf dem Delta mehrerer Arme des zum Meer fließenden Asturaflusses
- kannte Gegend, da er sie von Antium aus sehen konnte
- eigentümliche Beschaffenheit der örtlichen Gegebenheit (einsamer Urwald, Sümpfe mit Büffeln, knorrige Eichen, Ranken, wilde Waldvögel)
- auch Hortensius verbrachte einen Frühling dort

---

[17] **Schmidt**, Otto Eduard: Ciceros Villen. Darmstadt 1972, S. 39.
[18] A.a.O., S. 61.

- Ende März 45 v.Chr. verlässt Cicero Astura für einen Monat, um bei Atticus Trost zu suchen
- er versucht hier durch philosophische Schriftstellerei seine Trauer zu bewältigen (z.b. das uns verlorene Buch *„De luctu minuendo"*)
- reist noch zwei weitere Male nach seiner dort verbrachten Trauerzeit dorthin (Juli 45 und Juni 44)
- Ort verliert jedoch seinen Zauber für Cicero, als er politisch wieder engagiert tätig und seine Trauer verflogen ist
- Hier war er „leidtragende[r] Vater"[19].

„Ciceros Verhältnis zu seinem Haus in Astura ist ein unwiderleglicher Beweis dafür, dass die Humanen in Ciceros Zeitalter bei der Wahl des Aufenthaltsortes nicht nur die Jahreszeiten berücksichtigten, sondern sogar eine gewisse Harmonie zwischen der Seelenstimmung und der landschaftlichen Umgebung erstrebten."[20]

2.5 Das Cumanum

- Datierung des Kaufzeitpunkts auf Winter 57/56 oder Frühjahr 56 v.Chr.
- hat Villa nicht ohne Bedenken gekauft, da Gegend bei aller landschaftlicher Schönheit verrufen war (Verlockung zum Genuss – liegt an Pforten von Bajae; auch politisch beeinflusste Gegend → Versuch der politischen Aussöhnung?)
- begann hier im Mai 54 v.Chr. die Abfassung der sechs Bücher *De re publica* → kein Zufall: lebte inmitten drei Faktoren, die es zu versöhnen galt: Volk, wohlhabende Bürgerschaft, republikanischer Adel
- zur Zeit des Ankaufs sind das Tusculanum, sein stadtrömisches Haus auf dem Palatin und das Formianum noch verwüstet
- Lage am Lucrinersee und an der vom Avernersee nach Puteoli führenden Straße
- baute sie bereits im Frühjahr 56 v.Chr. aus und lud währenddessen schon seinen Bruder und seinen Freund Marius hierhin ein → war nach dem Umbau sicherlich eine bedeutende Anlage (kunstvoller Park, schöner Porticus und ein Garten im Haus)
- große Anzahl an Personal zur Verwaltung der Villa
- Cicero kehrte im Dezember 45 v.Chr., April 55 v.Chr., Mai 54 v.Chr., April 53 v.Chr., April 52 v.Chr., 51 v.Chr. nur zwei Tage, Dezember 50 v.Chr., April/Mai 49 v.Chr.,

---

[19] **Schmidt**, Otto Eduard: Ciceros Villen. Darmstadt 1972, S.61.
[20] A.a.O., S. 42.

November 46 v.Chr., 45 v.Chr. gar nicht, April 44 v.Chr. ein → verweilte immer nur wenige Tage oder Wochen, in einigen Jahren suchte er das Cumanum gar nicht auf
- in dem Jahr von Tullias Tod, wie auch ein Jahr später, quartierte er Pilia, die Frau des Atticus, wie auch ihre Tochter, auf diesem schönen Landgut ein
- hatte im Frühjahr 55 v.Chr. dort noch keine Bibliothek → benutzte die des Faustus Sulla
- Cicero nutzte das Cumanum nicht sehr häufig, obwohl es eine traumhafte Lage hatte und teuer erworben worden sein muss.
- Dezember 45 v.Chr. Besuch Caesars mit 2000 Mann Gefolge: Villa zu klein → Lager der Soldaten wird auf den benachbarten Feldern aufgeschlagen
- Cicero war begeisterter Naturfreund (eindrückliche Schilderunge der von ihm auf dem Cumanum gemachten Beobachtungen)
- Cicero sagt in einem Gespräch mit Atticus, dass beide Gegenden, die heimatlichen Berge auf dem Arpinas und der Strand des Cumanums, gleich große Reize bieten
- erledigte auf dem Cumanum ungeheurer große Zahl an gesellschaftlichen Verpflichtungen
- Hier war er „Repräsentant seines Namens und Gesellschafter"[21].

2.6 Das Puteolanum

- wonniger, am Hang gelegener Zufluchtsort ganz in der Nähe des Cumanum in Puteoli, wenn ihm die Verpflichtungen hier lästig wurden
- erworben 45 v.Chr.; befreundeter Bankier Cluvius in Puteoli gestorben → Miterbe neben Caesar und Lepta → erwirbt *horti Cluviani* → Cluvianum = Puteolanum (!)
- weitläufiges Grundstück in keinem durchgehend guten Zustand (wegen Größe gelegen in westlicher Vorstadt, jedoch dichte Besiedelung – Nutzen Mietwohnungen und Läden) → dennoch gekauft wegen Rentabilität (Zinsertrag der Kapitalanlage) und Ermöglichung des bequemen Verkehrs mit Großkaufleuten in Puteoli
- in erster Linie kein Luxusbau, sondern ein Nutzbau mit Läden und Mietwohnungen
- wegen Neubaus wohnte Cicero 44 v.Chr. noch nicht auf seinem Puteolanum
- eine der schönsten Gegenden, doch Störenfriede (designierte Konsule Hirtius und Pansa → Erwerb Rhetorik von ihm)

---

[21] **Schmidt**, Otto Eduard: Ciceros Villen. Darmstadt 1972, S. 61.

- bot im Jahr 44 v.Chr. größte Sicherheit vor Antonius und beste Postverbindungen
- gehörte in Kaiserzeit Hadrian, der sich hier auch bestatten ließ
- Hier war er ein „Vertreter des erwerbenden Standes und Geschäftsmann"[22].

2.7 Das Pompeianum

- südlichste Besitzung Ciceros bei Pompeji
- besaß diese länger als die anderen Villen am Golf von Neapel (Cumanum, Puteolanum)
- besaß Pompeianum mindestens fünfzehn Jahre vor dem Puteolanum und mindestens vier Jahre vor dem Cumanum
- kostspielige Umbauarbeiten (hohe Verschuldung) im Jahr 60 v.Chr., im Jahr 66 v.Chr. noch nicht in seinem Besitz
- stille Zurückgezogenheit des Landsitzes, nur wenige besaßen in dieser Gegend Landhäuser
- konnte hier in Zurückgezogenheit von jeglichen Verpflichtungen leben (nur gleichgesinnter Freund Marius) → Aufenthalte häufig nur wenige Tage zur Sammlung und Plauderei mit Freund Marius
- links und rechts der Villa von lästigen Nachbarn durch Grabmäler geschützt
- wichtigste Zimmer lagen dem Meer und den Bergen zugekehrt
- eventuell an der Heerstraße gelegen (Villenfunde)
- lag sehr hoch auf einer Erhebung (vor dem Herculaner Tor) mit Blick aus den Schlafräumen auf den Meerbusen von Stabiae
- landschaftlich schönstes aller Landgüter Ciceros
- „Hier war er Mensch im höchsten Sinne des Wortes".[23]

3 Ausgewählte Textstellen mit Übersetzung für das „Quiz"

Der lateinische Text, wie auch die Übersetzung stammt aus der Sammlung Tusculum „Atticus-Briefe" herausgegeben und übersetzt von Helmut Kasten aus dem Artemis & Winkler Verlag. Eine Ausnahme bildet hier die Textstelle zum Arpinas, welche aus

---

[22] **Schmidt**, Otto Eduard: Ciceros Villen. Darmstadt 1972, S. 61.
[23] Ebd.

„Epistulae ad Quintum fratrem" übersetzt und herausgegeben von Ursula Blank-Sangmeister aus dem Reclam Verlag entnommen wurde.

Arpinas :
Ego ex magnis caloribus (non enim meminimus maiores) in Arpinati summa cum amoenitate fluminis me refeci ludorum diebus... (aus: Quint. fratr. III,1)

Übersetzung Arpinas:
Von der großen Hitze (ich kann mich übrigens an keine schlimmere erinnern) habe ich mich an den Tagen der Spiele auf meinem Arpinas, die herrlichen Reize des Flusses genießend, erholt...

Tusculanum :
(1) Signa nostra et Hermeraclas, ut scribis, cum comodissime poteris, velim imponas, et si quod aliud οικειον eius loci, quem non ignoras, reperies, et maxime, quae tibi palaestrae gymnasiique videbuntur esse. Etenim ibi sedens haec ad te scribebam, ut me locus ipse admoneret. Praeterea typos tibi mando, quos in tectorio atrioli possim includere, et putealia sigillata duo. (aus: Ad Att. I, 10, 3)

(2) Hermathena tua valde me delectat et posita ita belle est, ut totum gymnasium eius ανατημα *esse videatur. Multum te amamus.* (aus: Ad Att. I, 10, 5)

Übersetzung Tusculanum:
(1) Meine Standbilder und Herculesbüsten und was du sonst noch Passendes für den Dir wohlbekannten Ort findest, besonders wenn es sich deiner Meinung nach für die Palästra oder das Gymnasium eignet, laß bitte, wie beabsichtigt, verladen, sobald sich eine einigermaßen brauchbare Gelegenheit findet. Denn da sitze ich gerade, während ich diesen Brief schreibe, und so mahnt mich schon die Stätte. Außerdem bitte ich dich um kleine Reliefs, die ich in die Stuckwände des Atriums einarbeiten lassen kann, und zwei Brunneneinfassungen mit Figurenschmuck.

(2) Deine Hermathena macht mir viel Freude, steht außerdem so hübsch, daß das ganze Gymnasium gleichsam ihr geweiht zu sein scheint; ich bin Dir sehr dankbar.

Cumanum:

(1) Ego hic pascor bibliotheca Fausti. Fortasse tu putabas his rebus Puteolanis et Lucrinensibus. Ne ista quidem desunt. Sed mehercule ut a ceteris oblectationibus deseror et taedet voluptatum propter rem publicam, sic litteris sustentor et recreor... (aus: Ad Att. IV 11,1)

(2) In Pompeianum veni V Nonas Maias, cum pridie, ut antea ad te scripsi, Piliam in Cumano conlocavissem. (aus: Ad Att. XIV, 17,1)

Übersetzung Cumanum:

(1) Ich weide mich hier an Faustus´ Bücherschätzen. Du dachtest wahrscheinlich: an den bekannten Delikatessen von Puteoli und aus dem Lucrinersee. Auch daran fehlt´s nicht. Aber wahrhaftig, wie alle sonstiges Zerstreuungen mich kalt lassen, alle Vergnügen mich anekeln angesichts der politischen Lage, so halte ich mich an die Wissenschaften und erhole mich bei ihnen;

(2) Heute, am 3., bin ich auf meinem Pompeianum eingetroffen, nachdem ich gestern, wie ich Dir schon geschrieben habe, Pilia auf dem Cumanum einquartiert habe.

Puteolanum :

(1) Sed quod quaeris, quid arcessierim Chrysippum, tabernae mihi duae corruerunt, reliquaeque rimas agunt, itaque non solum inquilini, sed mures etiam migraverunt. Hanc ceteri calamitatem vocant, ego ne incommodum quidem. [...] Di immortales, quam mihi ista pro nihilo. Sed tamen ea ratio aedificandi initur consiliario quidem et auctore Vestorio, ut hoc damnum quaestuosum sit. (aus: Ad Att. XIV 9,1)

(2) Quod quaeris, iamne ad centena Cluvianum, adventare videtur. Sed primo anno LXXX detersimus. (aus: Ad Att. XIV 10, 3)

Übersetzung Puteolanum:

(1) Und dann willst du wissen, weshalb ich den Chrysipp habe kommen lassen? Mir sind zwei Baracken eingestürzt, und die übrigen ziehen Risse. Daraufhin haben nicht nur die Mietsleute, sondern sogar schon die Ratten das Weite gesucht. Alle Welt nennt das ein Malheur, ich kaum eine Unbequemlichkeit. [...] Mein Gott, wie gleichgültig sind mir diese Nebensächlichkeiten!

Immerhin mache ich es mir auf Vestorius´ Rat und Anweisung zum Neubau zum Grundsatz, daß bei dem Schaden schließlich noch etwas herausspringt.

(2) Du fragst, ob die Cluviuserbschaft schon an die 100 000 einbringe. Bald ist es wohl soweit; jedenfalls habe ich im ersten Jahre 80 000 einstreichen können.

Anhang 1

Orte der Villen Ciceros

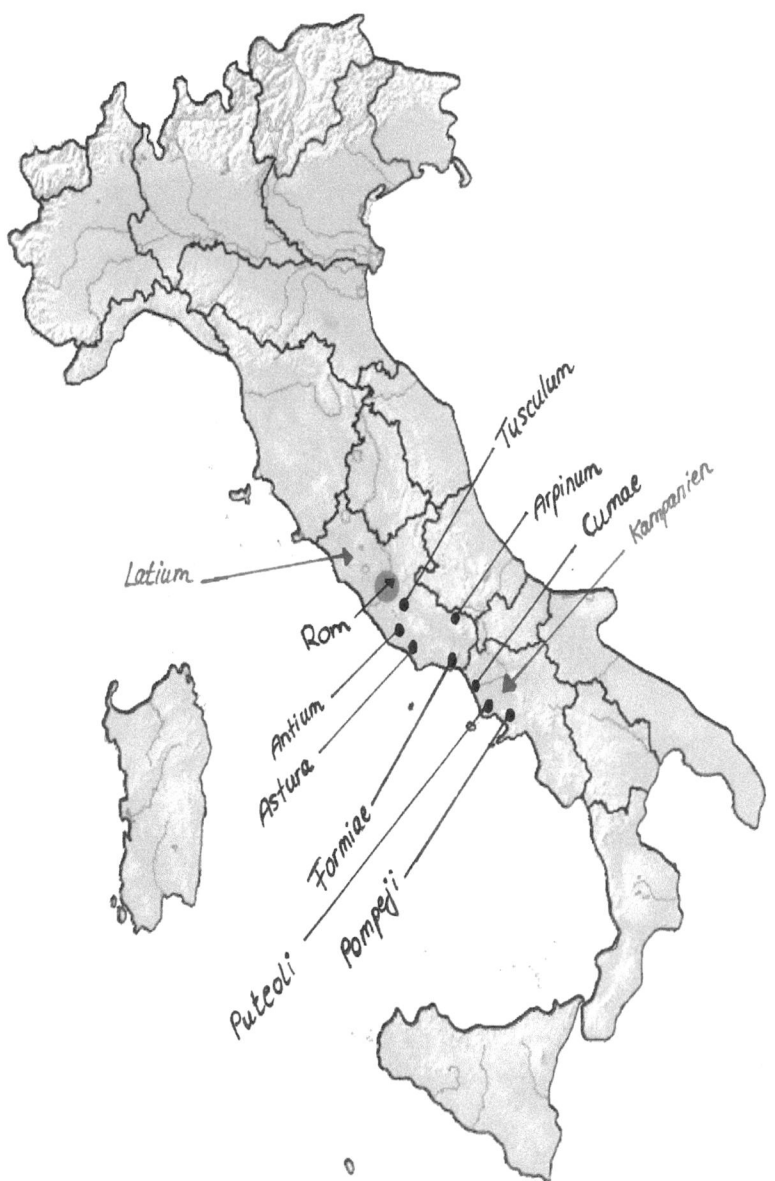

Anhang 2

Murmelphase

3 Gruppen von Ursachen

- Wirtschaftliche Ursachen
- Sanitäre Ursachen
- Geistig-ästhetische Ursachen

Welche Gründe/Ursachen könnt ihr euch unter den drei genannten Gruppen vorstellen?

Anhang 3

Situationsplan „Arpinas"

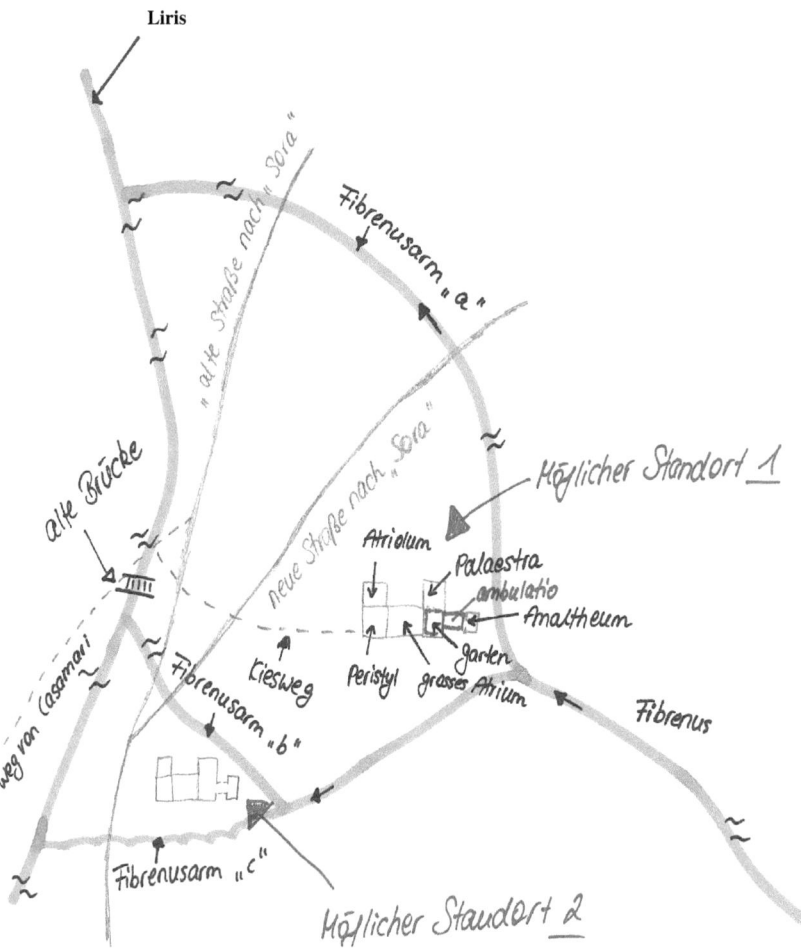

Anhang 4

Hausaufgabe zum Referat am 16.12.2009

Übersetzt bitte diese *einzelnen* Textausschnitte!
Bitte bearbeitet **nicht** die untere Fragestellung bzw. füllt **nicht** die Lücken aus!

Welche Villa Ciceros wird hier beschrieben?

1. Ego ex magnis caloribus (non enim meminimus maiores) in _____ summa cum amoenitate fluminis me refeci ludorum diebus…

2. Signa nostra et Hermeraclas, ut scribis, cum comodissime poteris, velim imponas, et si quod aliud οικειον eius loci, quem non ignoras, reperies, et maxime, quae tibi palaestrae gymnasiique videbuntur esse. Etenim ibi sedens haec ad te scribebam, ut me locus ipse admoneret. Praeterea typos tibi mando, quos in tectorio atrioli possim includere, et putealia sigillata duo.

Lösung :
_____

3. Ego hic pascor bibliotheca Fausti. Fortasse tu putabas his rebus Puteolanis et Lucrinensibus. Ne ista quidem desunt. Sed mehercule ut a ceteris oblectationibus deseror et taedet voluptatum propter rem publicam, sic litteris sustentor et recreor...

Lösung :
_____

4. Quod quaeris, iamne ad centena Cluvianum, adventare videtur. Sed primo anno LXXX detersimus.

Lösung :
_____

5. Hermathena tua valde me delectate et posita ita belle est, ut totum gymnasium eius ανατημα esse videatur. Multum te amamus.

Lösung :

_____

6. In Pompeianum veni V Nonas Maias, cum pridie, ut antea ad te scripsi, Piliam in _____ conlocavissem.

7. Sed quod quaeris, quid arcessierim Chrysippum, tabernae mihi duae corruerunt, reliquaeque rimas agunt, itaque non solum inquilini, sed mures etiam migraverunt. Hanc ceteri calamitatem vocant, ego ne incommodum quidem. [...] Di immortales, quam mihi ista pro nihilo. Sed tamen ea ratio aedificandi initur consiliario quidem et auctore Vestorio, ut hoc damnum quaestuosum sit.

Lösung :

_____